SURPREiS

Das Eis mit Überraschung

EISIGE ERFRISCHUNG IM HEIßEN SOMMER

Sommer, Sonne und ein leckeres Eis schlecken: Gibt es Schöneres? Oh ja, wenn außerdem noch eine Überraschung im Eis versteckt ist! Das ist die perfekte Kombination. Außerdem ist so ein Eis ganz fix von dir oder deiner Mama zubereitet.

Ob Eiscreme, Eis am Stiel oder Eis in der Waffel: Lass deiner Fantasie freien Lauf und stell Eis ganz nach deinen Geschmack her. Die abwechslungsreichen Rezepte aus dem Buch helfen dir dabei und du kannst zwischen vielen leckeren Eissorten wählen.

Dazu brauchst du nur ein paar Lebensmittel, ein paar Eisförmchen – Puddingförmchen oder Joghurtbecher als Förmchen – und schon kann es losgehen mit der Eisproduktion.

Viel Spaß dabei und lass es dir schmecken!

Vania Schmidt

FROZEN-JOGHURT MIT KIRSCHEN

ZUTATEN FÜR 3 EIS AM STIEL

- 75 g Kirschen, tiefgekühlt oder frisch und entkernt
- 75 g Joghurt, fettarm
- 25 ml Kondensmilch (7,5 %) oder Sahne
- 1 EL Kirschmarmelade mit ganzen Kirschen

≷ ÜBERRASCHEND FRUCHTIG ≷

1 Zuerst mischst du die Kirschen mit dem Joghurt und der Kondensmilch. Püriere anschließend alles und rühre die Kirschmarmelade unter. Fülle die Masse gleichmäßig mit einem Löffel in die drei Vertiefungen der Form.

2 Hebe die Form leicht an und schlage die Form mehrmals leicht auf der Arbeitsfläche auf, sodass sich die Masse in alle Rundungen und Öffnungen verteilt und keine Luftlöcher entstehen. Nun die Eisstiele in die Form stecken. Streiche danach die Masse mit einem Messerrücken glatt und decke die Form mit Frischhaltefolie ab. Damit das Eis gut durchfrieren kann, stelle es für 6 Stunden in den Tiefkühlschrank.

3 Nimm das Eis vor dem Verzehr aus dem Tiefkühlschrank und lasse es bei Zimmertemperatur etwa 5 Minuten antauen. Dadurch lässt sich das Eis anschließend leichter aus der Form lösen.

Witziges Daumenkino

ÜBERRASCHUNGS-KOKOSEIS IN DER WAFFEL

1. Gieß die Sahne, die Kokosmilch, das ausgekratzte Mark einer Vanilleschote, den Schmand und den Zucker in einen Topf und erhitze alles. Bevor jedoch die Mischung aufkocht, zieh den Topf vom Herd.

2. Gib die Kokos-Sahnemischung in eine Schüssel und lasse sie auf Raumtemperatur abkühlen. Dann frierst du die Masse mindestens 4 Stunden ein. Damit das Eis schön cremig wird, solltest du es die ersten 2 Stunden alle 30 Minuten umrühren, damit keine Eiskristalle entstehen.

3. Zum Servieren gibst du in jede Waffel 2 große Eiskugeln und bestreust sie mit etwas Puffreis und verzierst das Eis noch mit den Zuckeraugen und einem Zuckerbart.

4. Als besondere Überraschung kannst du für Freunde in der Waffel unter dem Eis zum Beispiel Schokokugeln oder Gummibärchen verstecken. Oder wie wäre es mit einer geheimen Botschaft in einem Mini-Plastikbehälter wie einem Überraschungsei?

MINZ-SCHOKO-EIS

ZUTATEN FÜR 3 EIS AM STIEL

- 50 g Minz-Schoko-Täfelchen
- 1 Blatt Gelatine
- 80 g Sahne
- 1 TL Vanillezucker
- 1 EL Minzsirup

ÜBERRASCHENDE MISCHUNG

1. Hacke die Schoko-Täfelchen sehr fein und weiche die Gelatine in kaltem Wasser ein. Die Sahne mit dem Vanillezucker steif schlagen.

2. Im nächsten Schritt gibst du die abgetropfte Gelatine in einen Topf und erwärmst diese leicht, bis sie zerfließt. Rühre den Minzsirup unter und ziehe den Topf vom Herd. Nun kannst du die lauwarme Gelatine-Minz-Mischung unter die Sahne heben und anschließend die gehackte Schokolade hinzugeben.

3. Fülle die Masse gleichmäßig mit einem Löffel in die drei Vertiefungen der Eisform. Hebe danach die Form leicht an und schlage die Form mehrmals leicht auf der Arbeitsfläche auf, sodass sich die Masse in alle Rundungen und Öffnungen verteilt und keine Luftlöcher entstehen. Nun die Eisstiele in die Form stecken. Streiche danach die Masse mit einem Messerrücken glatt.

4. Decke die Form mit Frischhaltefolie ab und stelle sie für 6 Stunden in den Tiefkühlschrank. Nimm das Eis vor dem Verzehr aus dem Tiefkühlschrank und lasse es bei Zimmertemperatur etwa 5 Minuten antauen. Dadurch lässt sich das Eis anschließend leichter aus der Form lösen.

HASELNUSSEIS MIT NUSSKUGELN

ZUTATEN FÜR 4 PERSONEN

- 2 Eier
- 50 g Puderzucker
- 60 g Haselnussmus
- 50 g weiße Schokolade, gehackt
- 200 g Sahne
- 24 Haselnusskugeln

≥ ÜBERRASCHEND NUSSIG ≤

1 Beginne mit den Eiern und schlage diese mit dem Zucker in einem heißen Wasserbad mit den Schneebesen des Rührgeräts schaumig auf und gib das Haselnussmus und die gehackte Schokolade dazu. Alles soll sich zu einer homogenen Masse verbinden. Anschließend die Schüssel aus dem warmen Wasserbad in ein kaltes geben und die Creme kalt rühren. Jetzt die steifgeschlagene Sahne unter die Creme heben.

2 Gib im nächsten Schritt das Eis in den Tiefkühlschrank. Damit es schön cremig wird, solltest du die ersten 2 bis 3 Stunden das Eis alle 30 Minuten gut durchrühren. Nach 2 Stunden rührst du die Hälfte der Haselnusskugeln unter.

3 Beim Servieren kannst du das Eis nach Lust und Laune mit den restlichen Haselnusskugeln verzieren.

ORANGENEIS IN DER ORANGENSCHALE

ZUTATEN FÜR 8 HALBE ORANGEN-SCHALEN

- 4 Orangen, ca. 200 ml frisch gepresster Orangensaft
- 200 g Schmand
- 200 g Joghurt
- 150 g Puderzucker
- 4 Eiweiß
- 1 Prise Salz

⋛ ÜBERRASCHENDE BOTSCHAFTEN IM EIS ⋚

1 Beginne im ersten Schritt die Orangen zu halbieren und diese auszupressen. Entferne anschließend das restliche Fruchtfleisch mit einem Löffel aus den Schalen und stelle sie beiseite.

2 Rühre den Schmand, den Joghurt, den Orangensaft und 50 g Puderzucker mit einem Schneebesen cremig.

3 Die Eiweiße mit einer Prise Salz steif schlagen und nach und nach die restlichen 100 g Puderzucker zugeben (ca. 5 Minuten schlagen, bis sich feine Spitzen bilden). Hebe nun die Eiweißmasse unter die Orangencreme.

4 Gib die Masse in eine Schale und stelle sie in den Tiefkühlschrank. In den ersten 2 Stunden rührst du die Eismasse am besten alle 30 Minuten durch. So wird es richtig schön cremig. Gib dann das Eis in die Orangenhälften und friere es für mindestens weitere 2 bis 3 Stunden ein.

13

MELONENEIS

1 Beginne, indem du die Melone halbierst und eine Hälfte davon entkernst. Löse das Fruchtfleisch mit einem Löffel heraus und gib es in eine Schüssel. Püriere das Fruchtfleisch.

2 Als nächstes kannst du die Zitrone heiß abwaschen und wieder trocknen. Reibe die Hälfte der Schale ab und mische den Abrieb mit dem Zucker unter die pürierte Melone. Presse eine halbe Zitrone aus und schmecke das Melonenpüree kräftig damit ab.

3 Jetzt muss nur noch alles in die Form. Fülle dazu die Masse gleichmäßig mit einem Löffel in die drei Vertiefungen der Eisform. Hebe die Form leicht an und schlage sie mehrmals leicht auf der Arbeitsfläche auf, sodass sich die Masse in alle Rundungen und Öffnungen verteilt und keine Luftlöcher entstehen. Nun die Eisstiele in die Form stecken. Streiche danach die Masse mit einem Messerrücken glatt und decke die Form mit Frischhaltefolie ab. Damit das Eis gut durchfrieren kann, stelle es für 6 Stunden in den Tiefkühlschrank.

4 Nimm die Form vor dem Verzehr aus dem Tiefkühlschrank und lasse sie ca. 5 Minuten bei Zimmertemperatur stehen, dann lässt sich das Eis leichter aus der Form lösen.

NUSSNOUGATEIS MIT KARAMELLKERN

ZUTATEN FÜR 4–5 EIS AM STIEL

- 12 weiche Karamell-toffees
- 200 g Sahne
- 3 EL Nussnougatcreme
- 4–5 Eisstiele
- 300 g dunkle Kuvertüre
- 100 g bunte Streusel

≥ ÜBERRASCHEND KNACKIG, BUNTE HÜLLE. ≤

1 Nimm jeweils 2 Karamelltoffees und einen Eisstiel. Schiebe den Stiel durch die Karamelltoffees.

2 Schlage die Sahne mit den Schneebesen des Handrührgeräts steif und ziehe die Nussnougatcreme gleichmäßig unter. Fülle die Eisformen bis 2 cm unter den Rand mit deiner Masse. Stecke anschließend die Stiele in die Eisformen und schlage die Form leicht auf der Arbeitsfläche auf, damit eventuell vorhandene Luftblasen entfernt werden. Stelle die Formen für 4 bis 6 Stunden in den Tiefkühlschrank.

3 Gib im letzten Schritt die Kuvertüre in ein hohes Glas und schmelze sie im heißen Wasserbad oder in der Mikrowelle. Entnimm ein Eis aus der Form und tauche es in die Kuvertüre. Bestreue das Eis anschließend sofort mit den bunten Streuseln. Dann das Eis erneut einfrieren oder gleich genießen.

3-FARBiGES- FRUCHTEIS

1 Beginne im ersten Schritt die Kiwi zu schälen und in Stücke zu schneiden. Püriere die Fruchtstücke mit 1 TL Zucker und gib die Masse für ca. 15 Minuten in den Tiefkühlschrank.

2 Während die Kiwi-Masse bereits gekühlt wird kannst du die Himbeeren mit 1 TL Zucker und anschließend die Blaubeeren mit ebenfalls 1 TL Zucker pürieren. Schmecke sowohl die Himbeeren als auch die Blaubeeren mit Limettensaft ab.

3 Fülle das Himbeerpüree zu einem Drittel jeweils in die oberen Teile der Eisformen. Anschließend die gekühlte Kiwi in das zweite Drittel der Form füllen. Zum Schluss die Blaubeeren in den unteren Teil der Formen geben.

4 Nachdem du die Vertiefungen komplett gefüllt hast, hebe die Form leicht an und schlage die Form mehrmals leicht auf der Arbeitsfläche auf, sodass sich die Masse in alle Rundungen und Öffnungen verteilt und keine Luftlöcher entstehen. Nun die Eisstiele in die Form stecken. Streiche danach die Masse mit einem Messerrücken glatt und decke die Form mit Frischhaltefolie ab. Damit das Eis gut durchfrieren kann, stelle es für 6 Stunden in den Tiefkühlschrank.

5 Nimm die Form vor dem Verzehr aus dem Tiefkühlschrank und lasse sie ca. 5 Minuten bei Zimmertemperatur stehen, dann lässt sich das Eis leichter aus der Form lösen.

ERDNUSS-KARAMELLEIS

ZUTATEN FÜR 8 KLEINE CUPCAKE-FÖRMCHEN

- 240 ml Kondensmilch
- 100 g Erdnussbutter
- 3 EL Zucker
- 100 ml Milch
- 160 g Sahne
- 8 Eisstiele

FÜR DIE KARAMELLCREME

- 1 Pck. Vanillezucker
- 100 g Zucker
- 100 g Sahne
- 100 g gesalzene Erdnüsse

> ÜBERRASCHENDE BOTSCHAFTEN
> AUF DEM STIEL <

1. Beginne mit dem Erdnusseis und rühre die Kondensmilch mit der Erdnussbutter und dem Zucker zu einer homogenen Masse. Nun die Milch zugießen. Schlage die Sahne steif und hebe sie unter.

2. Fülle im zweiten Schritt die Masse in die Cupcake-Förmchen und lasse jeweils einen 2 cm breiten Rand frei. Nun das Eis 4 Stunden tiefkühlen – nach ca. 2 Stunden kannst du die Eisstiele in die Becher stecken.

3. Für die Karamellmasse verrührst du den Vanille-zucker und Zucker in einem Topf und bringst den Zucker zum Schmelzen. Sobald er karamellisiert ist, die Sahne zugießen. Das Karamell ballt sich zuerst zu einer festen Masse zusammen, nun ein-fach so lange weiterrühren, bis sich das Karamell wieder verflüssigt hat. Zum Schluss kannst du die Erdnüsse unterrühren. Die Masse etwas abkühlen lassen und dann auf dem Eis verteilen und das Eis wieder einfrieren.

MARMORIERTES EIS AM STIEL

ZUTATEN FÜR 3 EIS AM STIEL

- 100 g Erdbeeren
- 100 g Blaubeeren
- 2 EL Zucker
- 75 g Joghurt

≥ ÜBERRASCHEND GEMUSTERT! ≤

1 Püriere die Erdbeeren als auch die Blaubeeren jeweils mit 1 TL Zucker. Verrühre den Joghurt mit 1 EL Zucker.

2 Fülle nun in jede der Vertiefungen der Eisform etwas Joghurt, anschließend etwas Erdbeerpüree und Blaubeer- püree. Nun wieder etwas Joghurt zugeben, dann die beiden Fruchtpürees. Nachdem die Vertiefungen befüllt sind, fahre mit einem Holzspießchen in die Masse und ziehe es spiral- förmig durch die Joghurt- und Fruchtmasse.

3 Hebe die Form leicht an und schlage die Form mehrmals leicht auf der Arbeitsfläche auf, sodass sich die Masse in alle Rundungen und Öffnungen verteilt und keine Luftlöcher entstehen. Nun die Eisstiele in die Form stecken. Streiche danach die Masse mit einem Messerrücken glatt und decke die Form mit Frischhaltefolie ab. Damit das Eis gut durchfrie- ren kann, stelle es für 4 Stunden in den Tiefkühlschrank.

4 Nimm die Form vor dem Verzehr aus dem Tiefkühlschrank und lasse sie ca. 5 Minuten bei Zimmertemperatur stehen, dann lässt sich das Eis leichter aus der Form lösen.

HEIDELBEER-BUTTERMILCHEIS

ZUTATEN FÜR 3 EIS AM STIEL

- 75 g Heidelbeeren
- 50 ml Buttermilch
- 50 g Schmand
- 1–2 TL Zucker

⊰ ÜBERRASCHEND BEEREI ⊱

1 Püriere die Heidelbeeren mit der Buttermilch und dem Schmand. Schmecke die Masse mit etwas Zucker ab.

2 Jetzt muss das Eis nur noch in die Form. Fülle dazu die Masse gleichmäßig mit einem Löffel in die drei Vertiefungen der Eisform. Hebe die Form leicht an und schlage die Form mehrmals leicht auf der Arbeitsfläche auf, sodass sich die Masse in alle Rundungen und Öffnungen verteilt und keine Luftlöcher entstehen. Nun die Eisstiele in die Form stecken. Streiche danach die Masse mit einem Messerrücken glatt und decke die Form mit Frischhaltefolie ab. Damit das Eis gut durchfrieren kann, stelle es für 6 Stunden in den Tiefkühlschrank.

3 Nimm die Form vor dem Verzehr aus dem Tiefkühlschrank und lasse sie ca. 5 Minuten bei Zimmertemperatur stehen, dann lässt sich das Eis leichter aus der Form lösen.

ERDBEER-SANDWICH

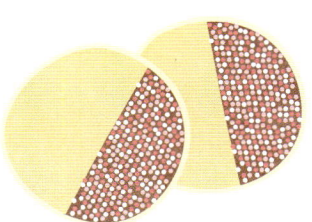

1 Koche die Sahne, Milch und ein Päckchen Vanillezucker auf. Die Eigelbe in einer Schüssel mit einem Schneebesen verrühren. Nun gieß die Mischung langsam zum Eigelb, dabei gut umrühren. Im Kühlschrank kühl stellen.

2 Jetzt die Erdbeeren putzen und die Hälfte mit dem Zucker und einem Päckchen Vanillezucker pürieren. Die restlichen Erdbeeren klein würfeln. Mische nun die eiskalte Sahnemischung und das Erdbeerpüree und friere alles ein. Nach etwa 30 Minuten die Erdbeerwürfel unterrühren und weiter einfrieren.

3 Verstreiche auf 12 Keksen je 1 EL Eis und lege einen zweiten Keks auf das Eis. Friere die Doppeldecker für eine weitere Stunde ein.

4 Zum Schluss musst du die Kuvertüre grob hacken und sie in einer Schüssel im Wasserbad oder in der Mikrowelle schmelzen. Dann nimmst du einen Doppeldecker, tauchst ihn zur Hälfte in die Kuvertüre und bestreust ihn sofort mit den Zuckerstreuseln. Auf Backpapier legen und im Tiefkühlschrank aufbewahren.

WALD-MEISTER-EIS

1 Verrühre den Joghurt und den Waldmeistersirup. Schlage die Sahne mit den Schneebesen des Rührgeräts steif und hebe die Sahne unter die Joghurtmasse. Jetzt muss das Eis nur noch in die Form. Fülle dazu die Masse gleichmäßig mit einem Löffel in die drei Vertiefungen der Eisform.

2 Damit sich die Masse gut setzt, hebe die Form leicht an und schlage die Form mehrmals leicht auf der Arbeitsfläche auf, sodass sich die Masse in alle Rundungen und Öffnungen verteilt und keine Luftlöcher entstehen. Nun die Eisstiele in die Form stecken. Streiche danach die Masse mit einem Messerrücken glatt und decke die Form mit Frischhaltefolie ab. Damit das Eis gut durchfrieren kann, stelle es für 6 Stunden in den Tiefkühlschrank.

3 Nimm die Form vor dem Verzehr aus dem Tiefkühlschrank und lasse sie ca. 5 Minuten bei Zimmertemperatur stehen, dann lässt sich das Eis leichter aus der Form lösen.

PUSH-UP-POP MIT GUMMIBÄRCHEN

ZUTATEN FÜR 6 PUSH-UP-POP-FÖRMCHEN

- ½ Schokoladenkuchen oder -biskuit
- 1 Tüte Gummibärchen
- 300 g Himbeeren, frisch oder tiefgekühlt
- 4 EL Crème fraîche
- 8 EL Joghurt
- 3 EL Puderzucker

> ÜBERRASCHENDE VORFREUDE:
> PLATZIERE GANZ UNTEN EINE
> KLEINE ÜBERRASCHUNG IN DER FORM. <

1 Im ersten Schritt schneidest du von deinem Schokoladenkuchen 6 Scheiben ab. Steche mit einem der Push-up-Pop-Becher 6 Kreise aus. Fülle nun den Push-up-Pop-Becher mit Gummibärchen und schiebe dann je Push-up-Pop-Becher eine Kuchenscheibe darüber.

2 Gib die Himbeeren mit der Crème fraîche, dem Joghurt und dem Puderzucker in einen hohen Behälter und püriere alles. Verteile die Himbeermasse in die sechs Behälter, verschließe sie und stelle sie für 4 Stunden in den Tiefkühlschrank.

CAKE-POP-EiS

1 Verwende am besten eine Cake-Pop-Form aus Silikon und fülle in jede Rundung eine kleine Menge an Orangensaft (s. Tipp). Gib die Form in den Tiefkühlschrank und lasse alles fest anfrieren (ca. 30 Minuten).

2 Dann füllst du etwas Joghurt, den du mit etwas Zucker gesüßt hast, in jede der Mulden. Nun gibst du die Form erneut für 30 Minuten in den Tiefkühlschrank.

3 Dann mit dem Kirschsaft ebenso verfahren und 1 Stunde einfrieren.

4 Zum Schluss löst du die Hälfte der Eis-Cake-Pops heraus. Auf die restlichen Cake-Pops in der Form streichst du etwas Himbeergelee und legst einen Stiel mittig auf. Dann presst du die restlichen Eis-Cake-Pop-Hälften darauf und frierst die Kugeln nochmal für 1 Stunde ein.

EISZEIT

GUMMI-BÄRCHENEIS

1 Gummibärcheneis ist schön einfach zuzubereiten. Zuerst kochst du die Zitronenlimonade auf, sodass die ganze Kohlensäure entweicht. Nun lässt du die Limonade abkühlen.

2 In der Zwischenzeit füllst du die Eisförmchen mit den Gummibärchen. Nun gießt du etwas von der abgekühlten Zitronenlimonade darüber. Die Förmchen nicht ganz vollgießen, etwa einen Zentimeter Platz zum Rand lassen, denn beim Gefrieren dehnt sich die Limonade noch aus.

3 Jetzt steckst du die Stiele hinein und gibst die Formen für mindestens 4 Stunden in den Tiefkühlschrank.

KIWI-
RAKETEN

**ZUTATEN FÜR
CA. 6 EISSTANGEN**

- 6 Kiwis
- ½ Limette
- 1–2 EL Zucker auf
  Wunsch

≳ ÜBERRASCHENDE ANDERS! ≲

1 Als Erstes halbierst du die Kiwis und löst das Fruchtfleisch mit einem Löffel aus. Gib es in eine hohe Schüssel.

2 Anschließend rollst du die Limette mit einer Hand auf
der Arbeitsfläche, dann lässt sie sich leichter auspressen.
Nun halbierst du die Limette und presst beide Hälften
aus. Den Saft gibst du zu dem Kiwi-Fruchtfleisch und
pürierst alles.

3 Nun probierst du das Kiwi-Limetten-Mus und gibst, wenn
es dir nicht süß genug ist, noch etwas Zucker dazu und
verrührst alles. Jetzt verteilst du das Kiwi-Limetten-Mus
in die Formen und gibst diese für mindestens 4 Stunden
in den Tiefkühlschrank.

CHEESECAKE-EIS MIT ERDBEEREN

1 Wasch die Erdbeeren und schneide sie in dünne Scheiben. Nimm jeweils die größten Scheiben aus der Mitte und platziere sie in den Cupcakebechern am Rand. Die restlichen Erdbeerscheiben würfeln.

2 Verrühre den Frischkäse mit dem Limettensaft und dem Zucker. Ziehe dann die steif geschlagene Sahne unter. Mische alles, bis keine Klümpchen mehr zu sehen sind. Nun füllst du die Cupcakeförmchen zu einem Drittel mit der Frischkäsemischung auf. Dann gibst du etwas von den gewürfelten Erdbeeren darauf, dann wieder etwas Frischkäsemischung. Das Eis 2 Stunden tiefkühlen.

3 Die Chocolate Chip Cookies sehr fein mahlen, entweder mit der Küchenmaschine oder die Kekse in eine Tüte geben und mit einem Nudelholz darüber rollen und zerkleinern. Die Butter schmelzen und mit den Bröseln gut verrühren. Die Keksmischung in die Cupcakeformen geben und zum Schluss die Stiele in die Förmchen stecken. Nun weitere 3 Stunden tiefkühlen.

FRUCHT-
KUGELN

**ZUTATEN FÜR
9 KUGELN**

- 125 ml Fruchsaft
  deiner Wahl, z. B.
  Orangen-, Heidelbeer-,
  Ananassaft
- 125 ml Buttermilch
  oder Joghurt
- Zucker nach Wunsch

‹ ÜBERRASCHENDER INHALT ›

1 Mische den Saft deiner Wahl mit der Buttermilch oder dem Joghurt. Die Mischung kannst du noch süßen, aber meist ist der Saft süß genug.

2 Fülle nun den Saft in die einzelnen Förmchen. Wenn du möchtest, kannst du nun noch einen runden Kaugummi oder ein Kaubonbon in der Kugel platzieren. Schließe die Form anschließend mit den Stielen. Das Eis mindestens 4 Stunden tiefkühlen.

BLAUES EISVERGNÜGEN

1. Als Erstes wäschst du die Heidelbeeren und lässt sie in einem Sieb abtropfen. Dann füllst du in die Förmchen Blaubeeren, bis etwa 2 cm unterhalb des Rands.

2. Nun mischst du den Heidelbeersaft mit der Buttermilch in einem Kännchen. anschließend gießt du die Heidelbeermilch in die Förmchen, auch bis etwa 2 cm unterhalb des Rands. Nachdem Du die Förmchen verschlossen hast, gibst du sie für mindestens 4 Stunden in den Tiefkühlschrank.

OBSTSALAT
AM STIEL

ZUTATEN FÜR 4 BIS 6 FORMEN

- Erdbeeren
- Himbeeren
- Johannisbeeren
- 1 Kiwi
- 4 Kumquat (ersatzweise Bio-Orange)
- ½ Limette
- 1–2 EL Zucker
- 200 ml abgekochtes Wasser

≶ ÜBERRASCHEND BUNT! ≶

1 Wasche die Erdbeeren, Himbeeren und Johannisbeeren. Schäle die Kiwi und schneide sie wie die Kumquats und Erdbeeren in Scheiben und Stücke und fülle sie in die Eisförmchen.

2 Mische den Limettensaft mit dem Zucker und dem abgekochten Wasser (wird das Wasser nicht abgekocht, wird es weiß beim Einfrieren und man sieht das Obst nicht). Gieße nun die Limettenmischung in die Eisförmchen, steck die Stiele hinein und friere das Eis mindestens 4 Stunden ein.

EIS MIT HERZ

1. Als Erstes schlägst du das Ei mit der Milch und dem Zucker mit den Schneebesen des Handrührgeräts schaumig. Dann schlägst du die Sahne steif und vermengst sie mit der Milchmischung, bis keine Klümpchen mehr vorhanden sind. Jetzt gibst du das Eis in den Tiefkühlschrank und frierst es mindestens 4 Stunden ein.

2. Anschließend nimmst du das gefrorene Eis und füllst 1 bis 2 Teelöffel Eis in Herz-, Stern- oder Blümchenausstecher und setzt diese in die vorbereiteten Eisförmchen. Frier die Förmchen für 1 Stunde ein.

3. In der Zwischenzeit mischst du die Himbeeren mit dem Joghurt und der Kondensmilch, eventuell noch etwas Zucker zugeben. Alles pürieren und 1 Stunde tiefkühlen.

4. Nun die Eisformen herausnehmen und die Ausstecherformen vorsichtig lösen, sodass das herzförmige Vanilleeis in der Form bleibt. Dann das vorbereitete Himbeereis darüber verteilen und erneut für mindestens 2 Stunden einfrieren.

KARINA SCHMIDT

Die Liebe zum Kochen entdeckte Karina Schmidt schon als Jugend-liche. Die eigenen Rezepte „nur" Freunden oder der Familie zu präsentieren, reichten ihr jedoch irgendwann nicht mehr aus. Der Wunsch entstand, ein breiteres Publikum zu erreichen. Inzwischen hat Karina Schmidt mehrere Bücher zum Thema Kochen und kuli-narische Entdeckungsreisen geschrieben, veranstaltet Kochsemi-nare und arbeitet als freiberufliche Foodstylistin.

Wir danken der Firma HEMA (www.hemashop.com/de/) für die freundliche Unterstützung von Materialien.

IMPRESSUM

FOTOS: frechverlag GmbH, 70499 Stuttgart; lichtpunkt, Michael Ruder, Stuttgart
PRODUKTMANAGEMENT: Mirjam Schilling
LEKTORAT: Mirjam Schilling, Anne-Katrin Brode
GESTALTUNG UND SATZ: Eva Grimme
ILLUSTRATIONEN: Eva Grimme
DRUCK: Drukarnia Dimograf Sp.zo.o./Polen

1. Auflage 2016
© 2016 frechverlag GmbH, Turbinenstraße 7, 70499 Stuttgart

ISBN: 978-3-7724-7606-8 · Best.-Nr. 7606